La Vida de Mujer
Bilingual Poetry

Poesía en Español e Inglés

Poesía por Bev Pogreba

Traducción de Liliana Ducouré Caro

~ ~ ~ ~ ~ ~ ~ ~ ~ ~ ~ ~ ~ ~ ~ ~ ~ ~ ~ ~

A Female's Life
Bilingual Poetry

Poems in Spanish & English

Poetry by Bev Pogreba

Dedicado a las mujeres de todas partes

Los siguientes poemas los empecé a escribir a
principios de la veintena.

Revelan un hilo de lo común - los altibajos
emocionales al enamorarse y desenamorarse, la
necesidad y el deseo de crecer rápido, la revelación
de los errores cometidos y la sabiduría que se
obtiene al final.

Algunos de los poemas reflejan una parte del viaje
de danza que hice en varios estados y países.

derechos de autor de Bev Pogreba

Traducción de Liliana Ducouré Caro

ISBN   1891065068

TÍTULOS

Las niñas pequeñas

creciendo

enamoradas

Pronto un día

los peligros

provocan un cambio

Los amigos cambian

Los amantes cambian

A veces

el oro de Hollywood

con un sabor latino

iguala la realidad

Me encuentro

Temblando

del dulce cuidado

mientras se terminan los besos

Desde California

A Colorado

siempre deseando

Estar allí

Las niñas pequeñas

Las niñas pequeñas

se esmeran

en crecer rápido.

Pero al convertirse en mujer

empiezan a anhelar

el pasado.

Sus ojos

se han hartado

de amantes que se aprovecharon.

Demasiado esperaron

por el hombre adecuado

para complacerlas.

creciendo

Es mi esplendor

tener

luego entregar

las imperfecciones

que me atrevo a guardar en mi posesión.

Me encantaría usarlas,

abusarlas,

acariciarlas y luego

moldearlas

a la perfección.

enamoradas

Tú eres

las alas de mis sueños,

el pulso de mi espíritu,

la raíz de mi alma.

El mar agitado y el cielo infinito

se asemeja al amor claro

que siempre expresaré.

Por ti

Me convertiré en mi valor propio.

Por ti

tengo una razón para vivir.

Pronto un día

Con un amor

que podría haber ganado

vino un amor

que debería haber perdido.

El placer de cuidar

pierde su significado

cuando el que te importa decide

que tú ya no le importas.

¿Cómo puedes tener un corazón tan grande

y romper uno tan grande como el mío?

los peligros

Nunca seré cambiada

por la imagen de otro.

Una fiebre

está empezando

a surgir.

¿Ahora todo lo que es de necesitar

es tiempo,

energía

y espacio para respirar!

provocan un cambio

Por la noche

tan preciosa y querida

mi mente vuelve a la vida

al recoger una lágrima herida

deseando que estés aquí

para confortarme del miedo

y compartir un año más

de noches así.

Los amigos cambian

Cócteles y colas ocupadas

demasiado ocupadas para vivir.

Tengo cuarenta sueños

pero reconozco mis límites.

Limito los cócteles

y las colas ocupadas.

Y limito mi

círculo de amigos.

Los amantes cambian

Una vez más alguien me ama

Una vez más alguien se preocupa

Una vez más la amante de alguien

No hay necesidad de otro.

Los recuerdos se desvanecen

del último amor que tuve

no más tardes vacías

a la espera.

Tenía

que encontrar un amante,

no hay necesidad de otro

y estoy olvidando al último.

Una vez más alguien me ama

No te das cuenta de que le importo a alguien.

Una vez más mi corazón se lastima

Y no estoy plenamente consciente.

Pero el sentimiento crece

y en mi rostro aparece

brillando y sabiendo

que hay un nido de amor esperándome.

Una vez más, una vez más

estoy enamorada.

A veces

A veces

no puedo esperar

a que transcurra la noche ...

El tiempo que dura

y los crímenes en alza

de noche.

Vamos Sol ...

¡Levántate!

El oro de Hollywood

Sorbiendo un Galiano

al oro de Hollywood

Lucí mi mejor muselina esta noche

para hacer juego con la estrella que llevo.

Un sinfín de perlas gotean

de las luces del escenario al piso

El maquillaje chorreando en la cara

cuando empieza la música a retumbar.

Veo un público cautivo

cegado hasta la médula.

Claro está que suficiente han tenido

pero siguen gritando pidiendo más.

Escribí muchas imágenes

en esa escena tan exuberante de canción

Gasté muchas energías

en algunas noches de larga duración.

Pero he vivido una de las maravillas

con las que sueña una niña

y probé el sabor de Hollywood,

y sin nada de ello el oro no brillaría.

con un sabor latino

En aquella cantina vieja,

calamares a la parrilla,

el trueno rompió el silencio y

la lluvia comenzó a caer.

"Señorita" se oyó una voz

en mi dirección

El hombre agachó la cabeza

como si un rechazo esperara ver.

Controlando su impaciencia

se reflejaba una pérdida en sus ojos

deseando ser colmada

y que yo llenaría antes de desaparecer.

Aquel hombre de éxtasis tranquilo

me enseñó cómo la vida disfrutar

Porque en nuestra cultura inglesa

nunca nos enseñaron a dar.

iguala la realidad

Por mi belleza

miro hacia arriba

a los cielos.

Por mi mente

igualo

los ojos.

Por mi dolor

miro al suelo

Pero por mi amor

No busco más.

Me encuentro

Con más finura

volveré,

volveré a la espontaneidad

y la energía de antaño.

Con más dedicación

y aprecio

a lo que tenía,

volveré.

Con la misma tierna y cariñosa audiencia

y las mismas deliciosas aventuras

volveré.

Siento el deseo,

La necesidad

y sin duda la codicia.

Pero es todo lo que me queda

eso y el tiempo para soñar

de lo que poseía.

Temblando

Siento una selva temblar

Me atrevo yo sola a sostenerte,

a dar rienda suelta a mi amor,

a dejar que la pasión crezca.

Pero estoy necesitando tu presencia

a medida que los días enfrentan el futuro.

Quiero un hijo

a través de un hombre

quien me pueda hacer

entregarme como tal.

del dulce cuidado

¿Dónde termina el dulce cuidado

y la celosa preocupación empieza?

Mi amor será tan solo una presa más

para mi atento cuidado

y será una víctima

de la inconsciente pérdida de amor.

mientras se terminan los besos

Me gustaría que un beso

pudiera florecer

toda una vida.

En lugar, la sensación de éxtasis

es demasiado corta

Al igual que

mi amor por ti

pronto llegará a su fin.

Desde California

¿Qué se necesita

para que este diamante brille?

Un año no fue suficiente

para expresar lo que necesitaba

para que sientas.

Yo seguí mi destino académico

y te perdí mientras dormía

sin saber nunca ...

Guardo este diamante

con su brillo desvanecido

Parece que iguala mi corazón

y el amor

que nunca conoceré.

A Colorado

Dejé al amante

que más amé.

Dejé el pueblo

en el que mejor me la pasé.

Dejé algunos amigos

que respeté más

que a otros que conocí

en este pueblo.

Pero aquí queda

una parte de mi antiguo ser

que he decidido

volver a recuperar.

Aquí queda un profesor

que veo

como un hombre

y parte de mí.

deseando siempre

Ojalá las teclas de mi máquina de escribir

golpearan tan rápido

como la lluvia afuera alimenta

cada hoja de hierba.

Ojalá los hombres que he conocido

pudieran ser moldeados en uno

quitándoles sus debilidades

mi búsqueda habría terminado.

Ojalá las cicatrices fueran sanadas

para jamás dejar rastro

de las grietas en mi corazón

y las que vi romperse.

Estar allí

Tras muchas amistades

llegaron los ojos que conocería

mientras la pasión vagaría

con dulzura y aflicción.

Tras muchos años de búsqueda

de la dicha que encontraría

fué el espíritu de admiración

que en los ojos hallé

de mi nuevo bebé.

Sobre el autor

He escrito la mayor parte de mi vida - desde relatos cortos a letras de canciones y a columnas -, pero encontré la poesía ser una de las que más satisfacción me daba.

El primer poema que mostré fué a mi profesor de inglés en noveno grado en Boulder, Colorado. Estaba a punto de reprobar la clase por culpa de mi incapacidad y rechazo a estudiar y entender la gramática en el sentido técnico. Siempre me gustó escribir pero nunca sentí la necesidad de analizarlo.

Al final nos dieron la tarea de escribir un poema para crédito extra. Casi todos en la clase se quejaron y se esforzaron en rimar algo con "amor" o "sonrisas", pero yo no podía esperar a hacer algo que sentía que podía hacer bien. Al día siguiente de haber entregado el poema, el maestro pidió verme después de la clase.

Para mi sorpresa, me acusó de copiarlo de un libro. Dijo que una niña de 14 años era incapaz de ese nivel de reflexión. Sigue siendo uno de los cumplidos más memorables que he recibido. Como no podía probar de que yo no lo había escrito me dió una C.

Lección aprendida ~

Nunca permitas a nadie desalentar tu arte o juzgar tus capacidades. ¡Cree en ti misma!

Bev Pogreba

A Female's Life

Poetry by Bev Pogreba

Dedicated to females everywhere.....

The following are poems that I began writing in my 20s.

They reveal a thread of commonality – the emotional highs and lows of falling in and out of love, the need and longing to grow up fast, the revelation of mistakes made and the knowledge that is gained in the end.

Some of the poems reflect part of my dance journey across several states and countries.

TITLES

Little Girls

growing up

in love

One day soon

the dangers

induce a change

Friends change

Lovers change

Sometimes

Hollywood Gold

with a Latin flair

equal reality

I find myself

trembling

of sweet caring

while kisses end

From California

to Colorado

always wishing

I was there.

Little Girls

Little girls

trying hard

to grow up fast

But after reaching womanhood

start longing

for the past

Their eyes

have been overcome

by lovers who would seize them

They waited too long

for the right man

to please them.

growing up

It is my splendor

to have

then surrender

the imperfections

I dare to own

I'd love to use them

abuse them

caress and then

mold them

to perfection.

in love

You are

the wings of my dreams

the pulse of my spirit

the root of my soul

The restless sea and the endless sky

resembles the crystal clear love

I will always express

For you

I will become my own self worth

Because of you

I have a reason to live.

One day soon

With a love

I could have won

came a love

I should have lost

The pleasure of caring

loses its meaning

when the one you care for decides

not to care

How can you have such a big heart

and break one as big as mine?

the dangers

Never will I be

changed into

another's image

A fever

is beginning

to emerge

Now all I need

is time

energy

and space to Breathe !

induce a change

Night time

so precious and dear

My mind becomes clear

as I gather a tear

Wishing you were here

to comfort my fear

And share one more year

of night times.

Friends Change

Cocktails and busy tails

too busy to live

I have forty dreams

but know my limits

I limit the cocktails

and the busy tails

And limit my

circle of friends

lovers change

Once again somebody loves me

Once again somebody cares

Once again somebody's lover

Ain't no need for another

Memories are fading

of the last love I had

No more empty evenings

of the waiting

I had

to find a lover

ain't no need for another

and I'm getting over the last

Once again somebody loves me

Can't you tell somebody cares?

Once again my heart is aching

and I'm not fully aware

But the feeling is growing

and my face it is showing

Glowing and knowing

there's a love nest waiting for me

Once again, once again

I'm in love.

Sometimes

Sometimes

I can't wait

for night time to pass…..

The length of time

and increased crimes

of night time

Come on Sun…

    RISE !

Hollywood Gold

Sipping Galliano to

the Hollywood Gold

I've donned my best chiffon this night to

match the star I hold

Endless beads are dripping from

the stage lights to the floor

Make-up streaking down my face as

the music starts to soar

I see a captive audience

blinded to the core

Clearly they have had enough

and still they yell for more

I've written many images on

that stage so full of song

Expended many energies on

nights sometimes too long

But I've lived one of the wonders

a girl dreams about

And sipped a taste of Hollywood

the Gold can't shine without.

with a Latin flair

In that old Cantina

calamares on the grill

Thunder broke the silence and

the rain began to spill.

"Senorita" was voiced in

my general direction

The man lowered his head

as if ready for rejection.

Controlling his impatience

a loss was in his eyes

Desiring fulfillment

I'd fill before it died.

That man of quiet ecstasy has

taught me how to live

For in our English culture

we're never taught to give.

equal reality

For my beauty

I look up

to the skies

For my mind

I equal

my eyes

For my grief

I look

to the floor

But for my love

I look

no more.

I find myself

With more refinement

I'll go back

Back to the spontaneity

and energy I had

With more dedication

and appreciation

of what I had

I'll go back

With the same sweet loving audience

and the same sweet affairs

I'll go back

I have the want

the need and

certainly the greed

But it's all I have left

that and the time to dream

of what I had.

trembling

I feel a jungle trembling

I'm daring myself to hold you

to let my love go

to let the passion grow

But I'm needing your presence

as the days face the future

I want a child

through a man

who can make me

surrender like one.

of sweet caring

Where does the sweet caring end

and the jealous worrying begin?

My love will be merely added prey

to my thoughtful caring

And will be a victim

of my thoughtless loss of love.

while kisses end

I wish a kiss

could blossom out

to last a lifetime

Instead

the feeling of ecstasy

is too short

Just like

my love for you

will soon come to an end.

From California

What will it take

to make this diamond shine?

One year was not enough

to express what I needed

to make you feel.

I followed my scholastic destiny

then lost you while I slept

never knowing…

I keep this diamond

with its fading glow

It seems to match my heart

and the love

I'll never know.

to Colorado

I left a lover

I loved the most

I left a town

I loved the best

I left some friends

I respected more

than others I'd met

in this town

But here lies a

former part of me

I've decided

I want back.

Here lies a professor

whom I see

as a man

a part of me.

Always wishing

I wish the keys on my typewriter

were beating as fast

as the rain outside is feeding

each blade of grass

I wish the men I have known

could be molded into one

With their weaknesses omitted

my searching would be done.

I wish the scars were all healed

never leaving a trace

of the cracks on my heart

and those I saw break.

I was there

Through the friendships of many

came the eyes I would know

while the passion would wander

with sweetness and woe.

Through many years of searching

for the bliss I would find

was the spirit of wonder

in my new baby's eyes.

About the Author

I have been writing most of my life – from short stories to lyrics to columns but found poetry among the most satisfying.

The first poem I ever showed anyone was my 9th grade English teacher in Boulder, CO. I was nearly flunking the class due to my inability and refusal to study and comprehend grammar in the technical sense. I always liked writing but never felt the need to dissect it.

Finally we were given an assignment to write a poem for extra credit. Nearly everyone in class grumbled and struggled to rhyme something with "love" or "smiles," but I couldn't wait to do something I felt I could do well. The day after I handed in my poem, my teacher asked to see me after class.

To my shock, he accused me of copying it from a book. He said a 14-yr-old was not capable of this level of thought. It remains one of the most memorable compliments I've had. Since he couldn't prove I didn't write it, he gave me a C.

Lesson Learned ~

Never let anyone discourage your art or judge your ability. Believe in yourself ~

Bev Pogreba

More by this Author ~

Chart Your Health a 30 Day Journal

SEO Organics – Easy Search Engine Optimization

A Female Life ~ Poetic Photography

Middle Eastern Belly Dance DVD

Coming Soon ~

Spelling Made Easy

American Dancer

www.ingramcontent.com/pod-product-compliance
Lightning Source LLC
Chambersburg PA
CBHW071826020426
42331CB00007B/1622